云南省地方标准

公路交通安全风险评估与处治技术规范

DB53/T 1282—2024

主编单位：云南省交通规划设计研究院股份有限公司
批准部门：云南省市场监督管理局
实施日期：2024 年 11 月 14 日

人民交通出版社

北 京

图书在版编目(CIP)数据

公路交通安全风险评估与处治技术规范 / 云南省交通规划设计研究院有限公司主编. — 北京：人民交通出版社股份有限公司，2024.12. — ISBN 978-7-114-19978-3

Ⅰ.U492.8-65

中国国家版本馆 CIP 数据核字第 20258F3R13 号

标准类型：	云南省地方标准
标准名称：	**公路交通安全风险评估与处治技术规范**
标准编号：	**DB53/T 1282—2024**
主编单位：	云南省交通规划设计研究院股份有限公司
责任编辑：	郭晓旭
责任校对：	卢　弦
责任印制：	张　凯
出版发行：	人民交通出版社
地　　址：	(100011)北京市朝阳区安定门外外馆斜街 3 号
网　　址：	http://www.ccpcl.com.cn
销售电话：	(010)85285857
总 经 销：	人民交通出版社发行部
经　　销：	各地新华书店
印　　刷：	北京市密东印刷有限公司
开　　本：	880×1230　1/16
印　　张：	3.25
字　　数：	65 千
版　　次：	2024 年 12 月　第 1 版
印　　次：	2024 年 12 月　第 1 次印刷
书　　号：	ISBN 978-7-114-19978-3
定　　价：	68.00 元

(有印刷、装订质量问题的图书，由本社负责调换)

DB53/T 1282—2024

目　次

前言 ... III
引言 ... V
1 范围 ... 1
2 规范性引用文件 ... 1
3 术语和定义 ... 1
4 总体原则和一般要求 ... 1
　4.1 总体原则 ... 1
　4.2 一般要求 ... 2
5 路段排查 ... 2
　5.1 一般规定 ... 2
　5.2 基于公路风险评估的路段排查 ... 2
　5.3 基于公路指标综合判别的路段排查 ... 5
6 方案设计 ... 7
　6.1 一般规定 ... 7
　6.2 实施顺序确定 ... 7
　6.3 现场复核调研 ... 7
　6.4 风险成因分析 ... 7
　6.5 处治方案编制 ... 7
　6.6 工程设计开展 ... 9
7 效果评价 ... 9
8 文件编制 ... 9
附录 A（资料性） 基础资料收集 ... 10
　A.1 基础资料收集清单 ... 10
　A.2 公路技术指标简易测量方法 ... 11
附录 B（规范性） 公路交通运行风险评估方法 ... 13
　B.1 评估步骤 ... 13
　B.2 指标属性和风险系数取值 ... 15
附录 C（资料性） 指标采集及处治方案 ... 24
　C.1 指标采集 ... 24
　C.2 处治方案 ... 24
附录 D（规范性） 文件要求及格式定义 ... 34
　D.1 文件要求 ... 34
　D.2 格式定义 ... 34
参考文献 ... 41

前 言

本文件按照GB/T 1.1—2020《标准化工作导则 第1部分：标准化文件的结构和起草规则》的规定起草。

请注意本文件的某些内容可能涉及专利，本文件的发布机构不承担识别专利的责任。

本文件由云南省交通运输标准化技术委员会（YNTC13）提出并归口。

本文件起草单位：云南省交通规划设计研究院股份有限公司、云南省公路局、昆明理工大学、云南省公路科学技术研究院、云南省综合交通发展中心、云南省交通投资建设集团有限公司。

本文件主要起草人：杨文臣、田毕江、房锐、岳松、刘惠兴、胡澄宇、戢晓峰、粟海涛、李太峰、胡寿方、李薇、熊昌安、谢海明、赵荣达、房昱纬、张渊、戴秉佑、李春晓、李洪春、覃勤、郑楠、覃文文、苏宇、徐才坚、姜波、丁宇超、沈新慧、王璐、谢世坤、赵元昌、杨起、孔令智、苏加强、程志豪、赵华祥。

引　言

云南独特的地形地貌导致山区公路占比高，山区公路具有复杂的道路交通环境特性，严重影响了公路交通安全运行能力和通行服务水平。开展山区公路安全风险评估，排查事故隐患，大力推进公路安全综合治理等措施，可实现公路安全设施和交通秩序管理的科学化、系统化和精细化，提高山区公路交通安全水平，促进公路交通安全形势持续稳定向好。

在充分考虑云南山区公路建设发展现状和公路交通安全长期提升需求的前提下，以"技术可靠、安全有效、经济实用"为原则，系统调研并总结了山区公路安全风险评估与处治技术的成果及项目经验，参考借鉴了国内外相关标准和公路安全生命防护工程实施经验，广泛征求了行业主管部门、公路建设和运营管理单位、设计单位及高校科研单位的意见，编制了本文件。

本文件内容是对我国现行公路行业技术标准、规范、指南的细化和补充，用于对山区公路安全提升工程实施的技术指导。

公路交通安全风险评估与处治技术规范

1 范围

本文件规定了公路交通安全风险评估与处治的总体原则和一般要求、路段排查、方案设计、效果评价、文件编制等相关要求。

本文件适用于现有二级、三级和四级公路的交通安全风险评估与处治,其他公路可参照执行。

2 规范性引用文件

下列文件中的内容通过文中的规范性引用而构成本文件必不可少的条款。其中,注日期的引用文件,仅该日期对应的版本适用于本文件;不注日期的引用文件,其最新版本(包括所有的修改单)适用于本文件。

GB 5768(所有部分) 道路交通标志和标线
JTG B01 公路工程技术标准
JTG D20 公路路线设计规范
JTG D81 公路交通安全设施设计规范
JTG D82 公路交通标志和标线设置规范
JTG/T D21 公路立体交叉设计细则
JTG/T D81 公路交通安全设施设计细则

3 术语和定义

下列术语和定义适用于本文件。

3.1
路段单元　road segment unit

将公路或路段从起点至终点按特定规则,依次划分为相同的长度单元,作为开展路段排查的基本路段。

3.2
公路风险评估　highway risk assessment

根据建立的风险评估模型,利用公路基础数据,计算得到路段单元的风险值,并以风险值判定风险等级的全过程,包括基于交通事故的风险评估和基于交通运行的风险评估。

3.3
公路指标综合判别　highway multi-index discrimination

根据建立的指标判别准则,利用基础数据和公路条件综合判别路段风险的过程,包括基于事故指标的判别和复杂道路条件判别。

4 总体原则和一般要求

4.1 总体原则

4.1.1 应坚持"问题导向、系统思维、精准施策、标本兼治"的工作原则。

4.1.2 应结合当地经济社会发展情况,采取"安全有效、经济实用"的技术进行综合处治。

4.1.3 应统筹规划、因地制宜、动态跟踪、不断完善,逐步提高公路安全保障水平。

4.1.4 鼓励应用经过充分论证的新技术、新方法、新工艺、新材料、新产品。

4.2 一般要求

4.2.1 应按照图 1 的技术流程开展公路交通安全风险评估与处治的各阶段工作。

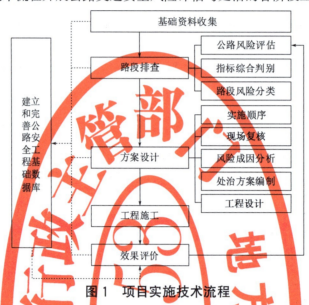

图 1 项目实施技术流程

4.2.2 应以路网中连续路段作为一个评估整体,根据项目实施目标进行公路或路网的风险排查。

5 路段排查

5.1 一般规定

5.1.1 路段排查方法分为公路风险评估和公路指标综合判别,应满足下列规定:

5.1.1.1 公路基础数据较为完整的二级公路和三级公路宜采用公路风险评估方法开展路段排查。

5.1.1.2 四级公路及基础数据缺失的其他公路可采用公路指标综合判别方法开展路段排查。

5.1.2 同一条公路应采用同一种排查方法。

5.1.3 在路段排查过程中,可参照附录 A 中 A.1 给出的有关规定,开展现场调研和数据收集工作。

5.1.4 路段风险从高到低分为 A、B、C、D 四类。

5.2 基于公路风险评估的路段排查

5.2.1 排查流程

5.2.1.1 基于公路风险评估的路段排查应执行图 2 所示的流程。

5.2.1.2 应根据公路交通事故风险和公路交通运行风险的计算结果对路段进行排查和分类。

5.2.1.3 当交通事故数据不完整时,可仅采用公路交通运行风险评估的结果对路段进行排查和分类;若无线形设计资料,可参照附录 A 中 A.2 给出的有关规定,获取对该路段单元开展风险评估所需的技术指标。

5.2.2 基于交通事故的风险评估

5.2.2.1 公路交通事故风险评估的路段单元划分应满足下列规定:

a) 自起点宜每 1km 为一个路段,依次划分路段单元,并编号。
b) 双车道和单车道公路按整幅划分路段单元。
c) 设有中央分隔带或硬隔离的双车道和多车道公路,按两个行车方向分别划分路段单元。

图 2 基于公路风险评估的路段排查流程

5.2.2.2 路段交通事故风险(CR)按式(1)计算:

$$CR = \frac{N}{L \times T} \quad \quad (1)$$

式(1)中:
CR——路段交通事故风险;
N——路段在统计年度内发生的交通事故死亡及受伤总人数(不包括酒驾、毒驾类事故数据);
L——路段的长度(km);
T——事故统计的年限(年),宜取近 3 年为统计年限;如近 3 年内公路基础设施和通行条件发生了较大变化,则取从变化之后起至评估开展时止作为统计年限。

5.2.2.3 路段交通事故风险等级应按表 1 的规定分为五级(以罗马数字表示,数字越大,风险等级越高,下同)。

表 1 公路交通事故风险分级标准

风险等级	风险状况	公路交通事故风险指标范围[a]
V 级	高	$CR > CR_{90}$
IV 级	较高	$CR_{90} \geq CR > CR_{70}$
III 级	中	$CR_{70} \geq CR > CR_{50}$
II 级	较低	$CR_{50} \geq CR > CR_{30}$
I 级	低	$CR \leq CR_{30}$

注:[a] CR_{30}、CR_{50}、CR_{70}、CR_{90} 分别代表交通事故风险指标的 30%、50%、70%和 90%累计百分位值,公路交通事故风险分级指标按表 2 的规定取用。

表 2 公路交通事故风险分级指标值

交通事故风险分级	CR_{30}	CR_{50}	CR_{70}	CR_{90}
指标值	1.46	1.98	2.92	4.44

5.2.3 基于交通运行的风险评估

5.2.3.1 公路交通运行风险评估的路段单元划分应满足下列规定：
   a) 自起点宜以每100m为一个路段，依次划分路段单元，并编号；
   b) 双车道和单车道公路按整幅划分路段单元；
   c) 设有中央分隔带或硬隔离的双车道和多车道公路，按两个行车方向分别划分路段单元。

5.2.3.2 公路交通运行风险值应按附录B中的方法计算。

5.2.3.3 公路交通运行风险等级应按表3的规定，划分为五个级别。

表3 公路交通运行风险分级标准

风险等级	风险状况	公路交通运行风险指标范围[a]
Ⅴ级	高	$HR \geq HR_{90}$
Ⅳ级	较高	$HR_{90} > HR \geq HR_{70}$
Ⅲ级	中	$HR_{70} > HR \geq HR_{50}$
Ⅱ级	较低	$HR_{50} > HR \geq HR_{30}$
Ⅰ级	低	$HR < HR_{30}$

注：[a] HR_{30}、HR_{50}、HR_{70}、HR_{90}分别代表公路交通运行风险指标的30%、50%、70%和90%累计百分位值，公路交通运行风险分级指标按表4的规定取用。

表4 公路交通运行风险分级指标值

交通事故风险分级指标	HR_{30}	HR_{50}	HR_{70}	HR_{90}
指标值	40	54	74	99

5.2.4 路段风险分类

5.2.4.1 同时采用交通事故风险和交通运行风险进行路段排查时，公路路段风险应按表5的规定分类。

表5 基于交通事故风险和交通运行风险的路段风险分类

交通运行风险等级	交通事故风险等级				
	Ⅰ	Ⅱ	Ⅲ	Ⅳ	Ⅴ
Ⅰ	D	D	D	C	C
Ⅱ	D	D	D	C	C
Ⅲ	D	D	D	B	B
Ⅳ	C	B	B	A	A
Ⅴ	C	B	B	A	A

5.2.4.2 仅采用公路交通运行风险进行路段排查时，公路路段风险可按表6的规定分类。

表6 基于公路交通运行风险的路段风险分类

交通运行风险等级	Ⅰ	Ⅱ	Ⅲ	Ⅳ	Ⅴ
路段类别	D	C	B	A	A

5.3 基于公路指标综合判别的路段排查

5.3.1 排查流程

5.3.1.1 基于公路指标综合判别的路段排查应按图 3 所示的流程执行。

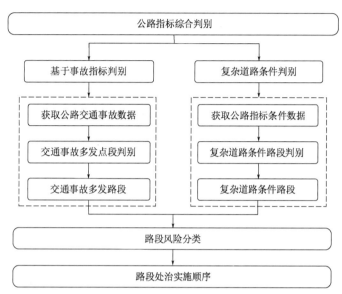

图 3 基于公路指标综合判别的路段排查流程

5.3.1.2 应根据基于事故指标的判别和复杂道路条件判别的结果对路段进行排查和分类。

5.3.1.3 当交通事故数据不完整时，可仅采用 5.3.3 的复杂道路条件判别结果，对路段进行排查和分类；若无线形设计资料，可按附录 A.2 中的简易测量方法，逐一获取路段单元内的技术指标数据。

5.3.2 基于事故指标判别

5.3.2.1 自起点宜按每 2 km 为一个路段，依次划分路段单元，并编号。

5.3.2.2 统计路段单元内的交通事故（剔除酒驾、毒驾等事故数据），若近 3 年发生过 1 起及以上死亡 3 人及以上的事故，即判定为公路交通事故多发点段。

5.3.3 复杂道路条件判别

5.3.3.1 低限指标判别。公路低限指标分为公路技术指标、公路路侧指标，公路低限指标判别按表 7 的规定执行，若某一路段的任一指标满足表 7 的判别条件，即认定该路段为公路低限指标路段。

表 7 公路低限指标判别表

指标类别			设计速度 v_d 判别条件（km/h）				
			80	60	40	30	20
公路技术指标	急弯路段	最小圆曲线半径 R_{min}（m）	$R_{min} \leq 300$	$R_{min} \leq 150$	$R_{min} \leq 65$	$R_{min} \leq 40$	$R_{min} \leq 20$
	急弯陡坡	圆曲线半径 R（m）	$R \leq 400$	$R \leq 200$	$R \leq 100$	$R \leq 65$	$R \leq 30$
		坡度 i（%）	$i \geq 4$	$i \geq 5$	$i \geq 6$	$i \geq 7$	$i \geq 8$
	视距不良	停车视距 S_1（m）不足或遮挡情况	110	75	40	30	20
		会车视距 S_2（m）不足或遮挡情况	220	150	80	60	40
		二、三、四级公路的视距应采用会车视距指标；受地形条件或其他特殊情况限制而采用分道行驶措施的二、三、四级公路路段，可采用停车视距指标					

表 7 公路低限指标判别表(续)

指标类别			设计速度 v_d 判别条件(km/h)				
			80	60	40	30	20
公路技术指标	连续纵坡		任意连续 3km 路段的平均纵坡大于或等于 5.5%				
	平面交叉	交叉角度 θ(°)	交叉角度的锐角小于或等于 45°				
		主路坡度 i_{X1}(%)	交叉范围内主要公路纵坡坡度大于 3%				
		支路坡度 i_{X2}(%)	交叉范围内次要公路未采用 0.5%～2% 上坡的技术指标				
		视距三角区通视情况	主要公路的安全交叉停车视距和次要公路至主要公路边车道中心线 5m～7m 所组成的视距三角区内通视不良				
		其他	其他不满足 JTG B01、JTG D20 和 JTG/T D21 中平面交叉口设计要求的指标				
公路路侧指标	路基段落		路肩挡土墙、坡率陡于 1:3 的填方边坡、路侧陡崖或深沟高度大于一定值(一般为 6m～8m)，路侧一定距离(一般为 2m～5m)内有常水深 0.5m 以上的水体(含江河、湖泊、水库、沟渠)或干线公路、铁路等，且未设置防护设施或设施防护等级不足的路段				
	桥梁路段		桥梁无护栏或护栏防护等级不足，或桥梁护栏与路基护栏过渡衔接不良的路段				

5.3.3.2 交通运行环境判别。交通运行环境指标分为：交通量，公路环境，通行校车、公交车或班线车等。交通运行环境指标判别按表 8 的规定执行。若某一路段的任一指标满足表 8 的判别条件，即认定该路段为交通运行环境复杂路段。

表 8 交通运行环境指标判别表

指标类别	判别条件
交通量	年平均日交通量大于或等于 300 自然辆(含农用车但不含摩托车)的三、四级公路的路段
公路环境	混合交通(行人、自行车、摩托车、农用车等)或道路环境变化(接入口、穿村镇、街道化、公路条件变化等)对行车安全产生影响，且未采取相应的措施或措施处治不足的路段
通行校车、公交车或班线车	日常通行核载 10 人及以上校车、公交车或班线车的三、四级公路的路段

5.3.4 路段风险分类

5.3.4.1 同时采用基于事故指标判别和复杂道路条件判别时，公路路段风险应按表 9 规定分类。

表 9 基于事故指标和复杂道路条件判别的路段分类

是否为交通事故多发点段	是否为公路低限指标路段	是否为交通运行环境复杂路段	路段类别
是	是	—	A
否	是	—	B
是	否	是	B
是	否	否	C
否	否	是	C
除上述分类的其他结果			D

5.3.4.2 仅采用复杂道路条件判别时，公路路段风险应按表 10 规定分类。

表 10 复杂道路条件判别的路段风险分类

是否为公路低限指标路段	是否为交通运行环境复杂路段	路类别
是	是	A
是	否	B
否	是	C
除上述分类的其他结果		D

6 方案设计

6.1 一般规定

6.1.1 根据路段排查获得的路段风险分类结果开展方案设计。方案设计流程应包括实施顺序确定、现场复核调研、风险成因分析、处治方案编制和展开工程设计。

6.1.2 拟实施路段和处治方案宜通过开放式沟通，征求相关方的意见后确定。

6.2 实施顺序确定

路段处治实施顺序确定，应按下列步骤进行：
a) 根据路段风险分类的结果，对同类结果的相邻路段进行合并，形成路段分类清单；
b) 根据路段分类清单，确定公路安全风险处治拟实施路段的建议顺序，A 类路段优先实施，实施次序依次降低。

6.3 现场复核调研

应对拟实施路段进行现场复核调研，宜按附录 C 中的 C.1 采集路段特征指标的数据，分析路段安全风险源，并通过座谈走访等方式收集处治措施建议。

6.4 风险成因分析

应辨识出拟实施路段的主要风险源，诊断路段主要风险成因。可采用下列方法：
a) 若采用公路风险评估开展路段排查，根据 5.2.3 中的公路交通运行风险计算模型，分别计算第 2 层准则层中驶出路外风险、正面相撞风险、追尾碰撞风险、同向刮擦风险、交叉路口风险、接入口风险、穿城镇风险的风险值，辨识其主要风险源，并根据第 4 层因素层各项指标的风险系数值，分析该路段构成安全风险的主要原因；
b) 若采用公路指标综合判别开展路段排查，根据 5.3.3 复杂道路条件判别时的公路低限指标、交通运行环境指标的满足情况，识别其主要风险源和风险成因；
c) 应结合现场复核调研情况，综合确定拟实施路段的安全风险源和风险成因。

6.5 处治方案编制

拟实施路段的处治措施方案，可按下列步骤编制：
a) 按表 11 判定处治路段的类型；
b) 宜根据处治路段的类型、主要风险源及风险成因，结合现场情况，运用"综合控制、组合设计"的系统方法，合理制定处治措施方案，编制项目实施方案；

c) 可参照附录C中的C.2的处治措施集,针对性制定处治方案,宜优先选择主动预防类措施和容错类措施,可辅以被动防护类措施,必要时采用调整线形等工程改造类措施。

表 11 处治路段分类表

路段类型	特征指标		判定方法				
线形技术不良路段	连续纵坡	连续坡长 L_c 平均坡度 i_c	任意连续3km路段的平均纵坡大于或等于5.5%				
	急弯路段	设计速度 v_d(km/h)	80	60	40	30	20
		最小圆曲线半径 R_{min}(m)	$R_{min}\leqslant300$	$R_{min}\leqslant150$	$R_{min}\leqslant65$	$R_{min}\leqslant40$	$R_{min}\leqslant20$
	急弯陡坡	圆曲线半径 R(m)	$R\leqslant400$	$R\leqslant200$	$R\leqslant100$	$R\leqslant65$	$R\leqslant30$
		坡度 i(%)	$i\geqslant4$	$i\geqslant5$	$i\geqslant6$	$i\geqslant7$	$i\geqslant8$
路侧防护不足路段	路基路段路侧防护情况		路肩挡土墙、坡率陡于1:3的填方边坡、路侧陡崖或深沟高度大于一定值(一般为6m~8m),路侧一定距离(一般为2m~5m)内有常水深0.5m以上的水体(含江河、湖泊、水库、沟渠)或干线公路、铁路等,且未设置防护设施或设施防护等级不足的路段				
	桥梁路段护栏防护情况		桥梁无护栏或护栏防护等级不足,或桥梁护栏与路基护栏过渡衔接不良的路段				
行车视距不足路段[a]	设计速度 v_d(km/h)		80	60	40	30	20
	停车视距 S_1(m)不足或遮挡情况		110	75	40	30	20
	会车视距 S_2(m)不足或遮挡情况		220	150	80	60	40
	超车视距 S_3(m)不足或遮挡情况		550	330	220	150	100
平面交叉技术不良路段	平面交叉口布置情况	交叉角度 θ(°)	交叉角度的锐角小于或等于45°				
		主路坡度 i_{X1}(%) 支路坡度 i_{X2}(%)	交叉范围内主要公路纵坡坡度大于3%,或次要公路未采用0.5%~2%上坡的技术指标要求接入交叉口				
		视距三角区通视情况	主要公路的安全交叉停车视距和次要公路至主要公路边车道中心线5m~7m所组成的视距三角区内通视不良				
		其他	其他不满足JTG B01、JTG D20和JTG/T D21中平面交叉口设计要求的指标				
公路条件突变路段	路段环境变化情况		是否为公路条件变化路段(窄桥、路基宽度变化、中央分隔带形式变化)等路段,且未采取相应的措施或措施处治不足的路段				
穿越村镇交通复杂路段	路段实际所处情况		是否为穿越村镇、学校等人口密集或交通复杂的路段				
功能集中重点路段	路段实际功能情况		是否为通往景区、通往矿区、通往厂区等道路,且交通运输功能以通往上述道路为主的情况				

注:[a] 二、三、四级公路的视距应采用会车视距指标;受地形条件或其他特殊情况限制而采用分道行驶措施的二、三、四级公路路段,可采用停车视距指标。

6.6 工程设计开展

根据论证过的项目实施方案,由设计单位完成对应安全风险处治项目的工程设计。

a) 当采用增设交通工程等措施进行改善时,交通工程设计应符合 GB 5768、JTG D81、JTG/T D81 和 JTG D82 的规定;
b) 当采用调整线形条件等措施进行改造时,线形设计应符合 JTG B01、JTG D20 和 JTG/T D21 的规定。

7 效果评价

7.1 宜对实施公路交通安全风险处治的项目进行动态跟踪观测,适时开展工程效果评价。
7.2 效果评价可综合采用前后对比法、满意度调查法、调研与实验方法等。
7.3 效果评价报告的主要内容宜包括工程概况、实施过程、有效性评价、效果及效益分析、结论与建议等。
7.4 属于日常养护的交通安全风险处治项目的效果评价报告可由项目管理方组织编制,属于大中修和专项整治工程的交通安全风险处治项目的效果评价报告,应委托具有相应资质的第三方组织开展。

8 文件编制

8.1 项目管理方应聘请具有相关资质或能力的单位完成实施方案报告的编制,应聘请具有相应资质的设计单位完成设计文件编制。
8.2 效果评价报告由业主委托具有相应资质的单位完成,宜在公路交通安全处治项目实施后一年,完成效果评价后编制。
8.3 实施方案报告、方案设计文件和效果评价报告的文件格式及编制要求按附录 D 的规定执行。

附 录 A
(资料性)
基础资料收集

A.1 基础资料收集清单

A.1.1 对路段采用不同排查方法时的数据要求,如表 A.1 所示。

表 A.1 路段排查方法的数据要求

序号	排查方法	方法技术	数据要求
1	公路风险评估	基于交通事故的风险评估	1.近三年交通事故数据记录(时间、地点、事故类型、事故死亡及受伤人数、事故原因等信息)。 2.公路设计资料和交通安全保障其他资料
		基于交通运行的风险评估	1.每一路段单元(一般按 100m 间距)的公路条件(平纵横指标数据、路面条件数据、安全设施数据、交通环境数据、路侧信息、交叉口指标数据、结构物信息等)和交通条件(交通量、运行速度、交通组成)的测量数据。 2.公路设计资料和交通安全保障其他资料
2	公路指标综合判别	基于事故指标判别	事故多发路段(2km)发生死亡交通事故的次数及人数
		复杂道路条件判别	平纵线形组合不当路段(公路技术指标)、路侧险要路段(公路路侧指标)、交通环境复杂路段(公路环境指标、交通量指标、通行校车或班线车指标)的信息

A.1.2 公路交通事故数据:应搜集路段近三年的交通事故数据,包括发生时间、发生位置、事故数量、人员伤亡、财产损失及事故原因等重要信息。该类数据可从交通警察部门或交通管理单位获取,项目管理单位或责任主体单位应做好数据协调工作。

A.1.3 公路技术指标数据:公路设计速度、总体图、平面图、纵断面图、标准横断面图、路面结构图、交通工程图,以及桥梁一览表、隧道一览表、交通工程数量表和其他相关设计文件。该类数据可从公路设计单位或管理单位获取施工图或竣工图。若无法收集该类设计资料,可通过 A.2 中简易测量方法和现场调查获得。

A.1.4 公路路侧指标数据:路线两侧是否存在陡崖、河流、湖泊、池塘、房屋、高速公路、一级公路或铁路等基本信息。该类数据可从现场调查获得。

A.1.5 交通环境数据:平面交叉口、公路接入口、穿越村镇、旅游景区、沿线植被、障碍物遮挡、视距条件等。该类数据可从现场调查获得。

A.1.6 已有安全设施和已实施安全改善工程数据:已设计但未实施的安全设施工程、沿线现有的安全设施工程等。若无法收集该类设计资料,可从现场调查获得。

A.1.7 交通量和车辆组成数据:该类数据应选择实地特征断面,通过布设交通检测传感器进行现场检查,获取运行速度、交通量、车辆组成等数据,或通过沿线交通调查卡口获取所需相关数据。

A.1.8 通校车或客运班线车:通勤车辆路线、站点、车型等数据。该类数据可通过现场调查或相关主管单位获得。

A.1.9 其他数据:路面现状数据(平整度、破损情况等)、特殊路段数据等。该类数据可通过现场调查或相关主管单位获得。

A.2 公路技术指标简易测量方法

A.2.1 若无法收集公路技术指标数据,可直接采用如下简易测量方法,或先通过卫星影像地图等进行初步测量,再到实际路段进行现场校核。

A.2.2 弯道半径,采用如下方法进行测量:

A.2.2.1 测量工具:皮尺,长度为20m或30m。

A.2.2.2 测量方法:如图A.1所示,首先在实地上找出弯道的中线以及弯道的中点,将皮尺拉直,两端置于弯道中线上,再将弯道中点与皮尺中点进行连线且与皮尺保持垂直,量出两点的距离D。弯道半径R按式(A.1)计算。同一地点连续测量3次取平均值。

$$R=\frac{D}{2}+\frac{L^2}{8D} \quad\quad\quad\quad\quad\quad\quad\quad\quad\quad (A.1)$$

式(A.1)中:

R——弯道半径(m);
D——弯道中点与皮尺中点进行连线且与皮尺保持垂直的距离(m);
L——皮尺长度(m)。

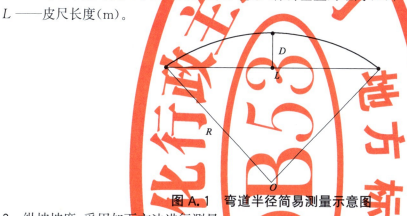

图A.1 弯道半径简易测量示意图

A.2.3 纵坡坡度,采用如下方法进行测量:

A.2.3.1 测量工具:坡度尺(精度±1°)。

A.2.3.2 测量方法:将坡度尺的测量面沿公路纵向与中心线接触,旋转刻度旋轮,直到水准管气泡居中,读取指针尖端对准刻度盘上的数字。同一地点连续测量3次取平均值。

A.2.4 视距,采用如下方法进行测量:

A.2.4.1 测量工具:轮式测距仪(精度为0.1m)。

A.2.4.2 测量方法:如图A.2所示,首先在车道中心线上规定的视线高度(1.2m或2.0m)确定视点P_1,人眼视觉范围内,确定远处路面最左侧边缘目标点P_2和路面最右侧边缘目标点P_3(P_2、P_3距路面高度0.1m);使用轮式测距仪沿该车道中心线分别测量P_1距离P_2和P_3的长度,取二者中的较小值。以一定步长(例如10m)移动视点P_1,重复上述测量过程。同一地点连续测量3次,取3次测量结果中的最小值作为视距测量结果。

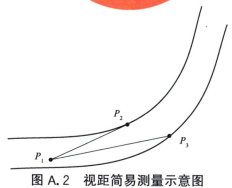

图A.2 视距简易测量示意图

A.2.5 路侧边坡高度,采用如下方法进行测量：

A.2.5.1 测量工具：手持激光测距仪(量程大于 10m)、坡度尺。

A.2.5.2 测量方法：将激光测距仪放置于边坡顶点,激光束沿边坡坡面对准边坡坡底的目标点,获得读数 S。将坡度尺的测量面与边坡坡面接触,旋转刻度旋轮,直到水准管气泡居中,读取指针尖端对准刻度盘上的数字,获得边坡坡度 θ。同一地点连续测量 3 次取平均值。根据图 A.3 所示几何关系,按式(A.2)计算边坡高度 H。

$$H = S \times \sin\theta \quad\quad\quad\quad\quad\quad\quad\quad (A.2)$$

式(A.2)中：

θ ——边坡坡度；

H ——边坡高度；

S ——激光测距仪读数。

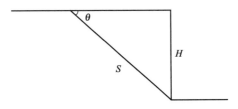

图 A.3 路侧边坡高度简易测量示意图

附 录 B
(规范性)
公路交通运行风险评估方法

B.1 评估步骤

B.1.1 基础数据采集

B.1.1.1 需要采集的基础数据包括：公路沿线视频(以公路中心线为中心，辐射公路两侧170°的范围)、对应的里程桩号、GPS信息(应同步标注与公路里程桩号的匹配关系)、交通量和运行速度等。

B.1.1.2 本文件中未设有中间带硬隔离的二、三、四级公路均按整幅进行数据采集和风险值计算，设有中间带硬隔离的公路分别按两个行车方向进行数据采集和风险值计算。

B.1.2 数据标准化处理

按照B.2给出的分类和取值方法，将公路指标及对应属性分类和量化，以100m为一个路段单元进行数据标准化处理。

B.1.3 评估计算

B.1.3.1 利用标准化处理后的信息数据，按照图B.1中的计算方法，计算100m路段范围内存在的属性风险系数，即可求得路段单元的公路交通运行风险HR。在图B.1中：

a) 第4层因素层中各指标所对应的风险系数相乘可得到对应第3层指标层中事故可能性或严重性指数；

b) 第3层的事故可能性指数和严重性指数相乘即可得到第2层准则层中的单一类别风险的运行风险值；

c) 第2层中各类别风险的运行风险值相加即可得到各路段单元的公路交通运行风险HR。

B.1.3.2 开展山区公路风险评估时，各项公路指标属性和风险系数从表B.1中取值；运行速度风险系数从表B.2～表B.4中取值；交通量风险系数从表B.5～表B.8中取值。

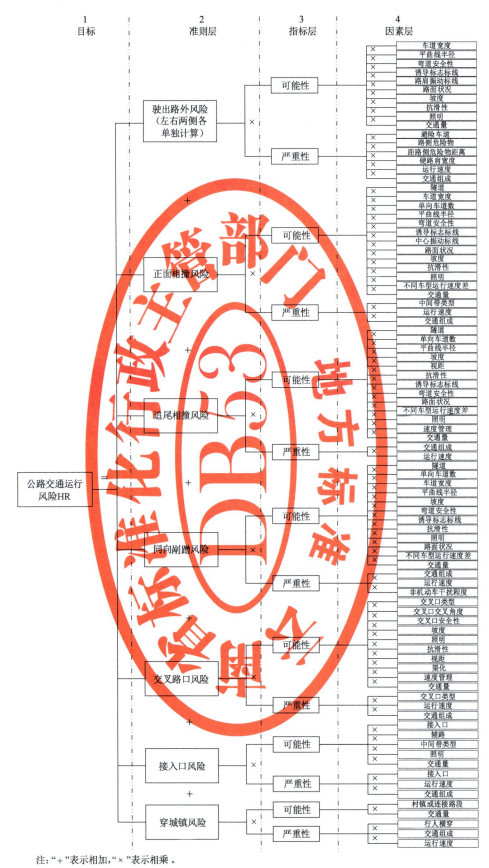

图 B.1 公路交通运行风险计算模型

注："+"表示相加，"×"表示相乘。

B.2 指标属性和风险系数取值

B.2.1 各项公路指标属性及风险系数可按表 B.1 取值。

表 B.1 山区公路指标属性和风险系数取值表

公路指标	公路属性	风险系数
避险车道	无	1
	是	0.7
隧道	否	1
	是	1.2
不同车型运行速度差或限制速度差值(km/h)	<20	1
	≥20	1.2
村镇或连接路段	否	1
	是	1.32
车道宽度 L(m)	$L≥3.50$	1
	$3.25≤L<3.50$	1.2(非穿村镇路段) 1.05(穿村镇路段)
	$L<3.25$	1.5(非穿村镇路段) 1.1(穿村镇路段)
平曲线半径 R(m)	$R≥1500$	1
	$700≤R<1500$	1.2
	$400≤R<700$	1.8
	$200≤R<400$	3.5
	$100≤R<200$	6
	$R<100$	9
弯道安全性	弯道标志标线等指示和诱导设施充分	1
	弯道无警告标志,或标线缺失、破损,或应设未设线形诱导标等设施	1.25
	未应用(非弯道段)	1
诱导标志标线	标志标线设置合理、充分	1
	只有标线或标志	1.1
	无或破损严重	1.2
路肩振动标线	无	1.25
	有	1
路面状况	良好	1
	局部破坏,偶尔影响行车	1.2
	破坏严重,连续性影响行车	1.4

表 B.1 山区公路指标属性和风险系数取值表（续）

公路指标	公路属性	风险系数
坡度 i（%，不区分上下坡）	$i \geq 10$	1.7
	$7 \leq i < 10$	1.2
	$4 \leq i < 7$	1.1
	$2.5 \leq i < 4$	1.05
	$i < 2.5$	1
抗滑性	硬化路面，抗滑性良好	1
抗滑性	硬化路面，抗滑性中，光滑/反光路面少于20%	1.4
	硬化路面，抗滑性差，超过20%路段光滑/反光	2
	未硬化路面，抗滑性良好，不会出现雨天路面泥泞等降低抗滑性的情况	3
	未硬化路面，抗滑性差，如雨天光滑的泥泞路面	5.5
照明	无	1
	有	0.73
左侧危险物（障碍物）（若存在多种情况，应根据长度比例分别计算得到加和结果）	波形梁护栏	12
	混凝土护栏	15
	缆索护栏	9
	垂直的山体	55
	深边沟	55
	上边坡 $\geq 75°$	40
	$15° \leq$ 上边坡 $< 75°$	45
	下边坡 $> 15°$	45
	临水或临崖	90
	直径 $> 10cm$ 的树	60
	直径 $> 10cm$ 的标志或其他设施杆	60
	坚硬的结构物、桥梁或建筑物	60
	易碎的结构物或建筑物	30
	无有效防护的护栏端头	60
	岩石（高 $\geq 20cm$）	60
	示警桩	80
	无危险物（平台、接入口、交叉路口等）	10
左侧路侧障碍物距车道边缘线距离 d_1（m，若为无危险物类型的条件时，可将该类型宽度视为距离值）	$0 \leq d_1 < 1$	1
	$1 \leq d_1 < 5$	0.8
	$5 \leq d_1 < 10$	0.35
	$d_1 \geq 10$	0.1

表 B.1 山区公路指标属性和风险系数取值表(续)

公路指标	公路属性	风险系数
右侧危险物(障碍物)(若存在多种情况,应根据长度比例分别计算得到加和结果)	波形梁护栏	12
	混凝土护栏	15
	缆索护栏	9
	垂直的山体	55
	深边沟	55
	上边坡≥75°	40
	15°≤上边坡<75°	45
	下边坡>15°	45
	临水或临崖	90
	直径>10cm的树	60
	直径>10cm的标志或其他设施杆	60
	坚硬的结构物、桥梁或建筑物	60
	易碎的结构物或建筑物	30
	无有效防护的护栏端头	60
	岩石(高≥20cm)	60
	示警桩	80
	无危险物(平台、接入口、交叉口等)	10
右侧路侧障碍物距车道边缘线距离 d_2(m),若为无危险物类型的条件时,可将该类型宽度视为距离值	$0 \leq d_2 < 1$	1
	$1 \leq d_2 < 5$	0.8
	$5 \leq d_2 < 10$	0.35
	$d_2 \geq 10$	0.1
左侧硬路肩宽度 L_1(m)	$L_1 \geq 2.5$	0.77
	$1 \leq L_1 < 2.5$	0.83
	$L_1 < 1$	0.95
	无	1
右侧硬路肩宽度 L_2(m)	$L_2 \geq 2.5$	0.77
	$1 \leq L_2 < 2.5$	0.83
	$L_2 < 1$	0.95
	无	1
单向车道数	1车道	1
	2车道	0.02
	3车道及以上	0.01
中心振动标线	无	1.2
	有	1

表 B.1 山区公路指标属性和风险系数取值表(续)

公路指标	公路属性	风险系数
中间带类型(用于计算正面相撞风险指标"严重性")	波形梁护栏	0
	混凝土护栏	0
	缆索护栏	0
	设置中央分隔带,且中间带宽度≥20.0m	2
	设置中央分隔带,且中间带宽度为:10.0m(含)~20.0m	10
	设置中央分隔带,且中间带宽度为:5.0m(含)~10.0m	35
	设置中央分隔带,且中间带宽度为:1.0m(含)~5.0m	80
	设置中央分隔带,且中间带宽度<1.0m	90
	分道体	90
	中央渠化线宽度≥1.0m	83
	0.3m≤中央渠化线宽度<1.0m	100
	对向车行道分界线	100
	单行车道	0
中间带类型(用于计算接入口风险指标"可能性")	波形梁护栏	0.7
	混凝土护栏	0.7
	缆索护栏	0.7
	设置中央分隔带,且中间带宽度≥20.0m	0.7
	设置中央分隔带,且中间带宽度为:10.0m(含)~20.0m	0.7
	设置中央分隔带,且中间带宽度为:5.0m(含)~10.0m	0.7
	设置中央分隔带,且中间带宽度为:1.0m(含)~5.0m	0.7
	设置中央分隔带,且中间带宽度<1.0m	0.7
	分道体	1
	中央渠化线宽度≥1.0m	1
	0.3m≤中央渠化线宽度<1.0m	1
	对向车行道分界线	1
	单行车道	0.7
视距	良好	1
	差,通常小于100m	1.42

表 B.1 山区公路指标属性和风险系数取值表（续）

公路指标	公路属性	风险系数
速度管理（减速标志标线、减速丘等措施）	无	1.25
	有	1
非机动车干扰程度	无	1
	有	50
交叉口类型（用于计算交叉路段风险指标"可能性"）	无交叉口	0
	合流匝道	6
	环岛	15
	3岔交叉口：无信号灯、有转弯车道	13
	3岔交叉口：无信号灯、无转弯车道	16
	3岔交叉口：有信号灯、有转弯车道	9
	3岔交叉口：有信号灯、无转弯车道	12
	4岔交叉口：无信号灯、有转弯车道	16
	4岔交叉口：无信号灯、无转弯车道	23
	4岔交叉口：有信号灯、有转弯车道	10
	4岔交叉口：有信号灯、无转弯车道	15
	公路铁路交叉口：被动式，仅有标志	1
	公路铁路交叉口：主动式，闪烁警示灯和闸门	0.5
	中央分隔带开口：非正式	0.5
	中央分隔带开口：正式	0.3
交叉口类型（用于计算交叉路段风险指标"严重性"）	无交叉口	0
	合流匝道	15
	环岛	15
	3岔交叉口：无信号灯、有转弯车道	45
	3岔交叉口：无信号灯、无转弯车道	45
	3岔交叉口：有信号灯、有转弯车道	45
	3岔交叉口：有信号灯、无转弯车道	45
	4岔交叉口：无信号灯、有转弯车道	50
	4岔交叉口：无信号灯、无转弯车道	50
	4岔交叉口：有信号灯、有转弯车道	50
	4岔交叉口：有信号灯、无转弯车道	50
	公路铁路交叉口：被动式，仅有标志	150
	公路铁路交叉口：主动式，闪烁警示灯和闸门	150
	中央分隔带开口：非正式	45
	中央分隔带开口：正式	45

表 B.1 山区公路指标属性和风险系数取值表（续）

公路指标	公路属性	风险系数
交叉口交叉角度 θ(°)	无交叉口	0
	θ＝90	1
	60≤θ＜90	1.2
	30≤θ＜60	1.5
	θ＜30	2
交叉口安全性	无交叉口	0
交叉口安全性	标志标线设置合理、充分，视距充分	1
	有明显设施、视距缺陷	1.2
交叉口渠化	无	1.2
	有	1
接入口（用于计算接入口风险指标"可能性"）	无接入口	0
	商业性接入口≥1个	2
	居住性接入口为1个或2个	1.1
	居住性接入口≥3个	1.3
接入口（用于计算接入口风险指标"严重性"）	无接入口	0
	商业性接入口≥1个	50
	居住性接入口为1个或2个	50
	居住性接入口≥3个	0
辅路	无	1.5
行人横穿	无	1
	有	50
交通组成	货车占比＜20％	1
	20％≤货车占比＜50％	1.3
	货车占比≥50％	1.5

B.2.2 运行速度的风险系数，可根据风险类别，在 B.2～B.4 中查找与其对应的取值。

表 B.2 驶出路外风险的山区公路运行速度风险系数取值表

运行速度 (km/h)	路段属性	
	路侧险要路段	其他路段
≤30	0.200	0.008
35	0.233	0.013
40	0.267	0.019
45	0.300	0.027
50	0.333	0.037
55	0.367	0.049

表 B.2 驶出路外风险的山区公路运行速度风险系数取值表（续）

运行速度 （km/h）	路段属性	
	路侧险要路段	其他路段
60	0.400	0.064
65	0.433	0.081
70	0.467	0.102
75	0.500	0.125
80	0.533	0.152
85	0.567	0.182
90	0.600	0.216
95	0.633	0.254
100	0.667	0.296
105	0.700	0.343
110	0.733	0.394
115	0.767	0.451
120	0.800	0.512

表 B.3 交叉口风险的山区公路运行速度风险系数取值表

运行速度 （km/h）	路段属性	
	公路与铁路平面相交路段	其他路段
≤30	0.200	0.008
35	0.233	0.013
40	0.267	0.019
45	0.300	0.027
50	0.333	0.039
55	0.367	0.049
60	0.400	0.064
65	0.433	0.081
70	0.467	0.102
75	0.500	0.125
80	0.533	0.152
85	0.567	0.182
90	0.600	0.216
95	0.633	0.254
100	0.667	0.296
105	0.700	0.343

表 B.3 交叉口风险的山区公路运行速度风险系数取值表（续）

运行速度 （km/h）	路段属性	
	公路与铁路平面相交路段	其他路段
110	0.733	0.394
115	0.767	0.451
120	0.800	0.512

表 B.4 其他类别风险的山区公路运行速度风险系数取值表

运行速度（km/h）	全路段
≤30	0.008
35	0.013
40	0.019
45	0.027
50	0.037
55	0.049
60	0.064
65	0.081
70	0.102
75	0.125
80	0.152
85	0.182
90	0.216
95	0.254
100	0.296
105	0.343
110	0.394
115	0.451
120	0.512

B.2.3 交通量风险系数，可根据不同风险类别，在 B.5~B.8 中查找与其对应的取值。

表 B.5 驶出路外风险的山区公路交通量风险系数取值表

每条车道 AADT （辆/d）		路段车道属性			
		1 车道	2 车道	3 车道	4 车道及以上
无中央分隔带	AADT＜2000	0.474	0.451	0.431	0.431
	2000≤AADT＜4000	0.448	0.408	0.377	0.355
	4000≤AADT＜6000	0.422	0.370	0.336	0.313
	6000≤AADT＜8000	0.397	0.339	0.306	0.284

表 B.5 驶出路外风险的山区公路交通量风险系数取值表（续）

每条车道 AADT（辆/d）		路段车道属性			
		1 车道	2 车道	3 车道	4 车道及以上
无中央分隔带	8000≤AADT<10000	0.372	0.312	0.285	0.262
	10000≤AADT<12000	0.347	0.290	0.270	0.250
	12000≤AADT<14000	0.322	0.273	0.260	0.250
	14000≤AADT<16000	0.298	0.261	0.255	0.250
	16000≤AADT<18000	0.274	0.253	0.252	0.250
	AADT≥18000	0.250	0.250	0.250	0.250
有中央分隔带	AADT≥0	0.500			

表 B.6 交叉口风险的山区公路交通量风险系数取值表

交叉路口 AADT(辆/d)	全路段
AADT<100	0.005
100≤AADT<1000	0.063
1000≤AADT<5000	0.125
5000≤AADT<10000	0.250
10000≤AADT<15000	0.500

表 B.7 接入口风险的山区公路交通量风险系数取值表

路段接入口属性			
无接入口	居住性接入口 1 或 2	居住性接入口≥3	商业性接入口≥1
0.000	0.010	0.020	0.030

表 B.8 其他类别风险的山区公路交通量风险系数取值表

每条车道 AADT（辆/d）		路段车道属性			
		1 车道	2 车道	3 车道	4 车道及以上
无中央分隔带	AADT<2000	0.052	0.099	0.139	0.173
	2000≤AADT<4000	0.104	0.185	0.246	0.291
	4000≤AADT<6000	0.155	0.259	0.327	0.373
	6000≤AADT<8000	0.206	0.323	0.388	0.433
	8000≤AADT<10000	0.256	0.376	0.431	0.475
	10000≤AADT<12000	0.306	0.419	0.461	0.500
	12000≤AADT<14000	0.355	0.453	0.480	0.500
	14000≤AADT<16000	0.404	0.478	0.491	0.500
	16000≤AADT<18000	0.452	0.493	0.497	0.500
	AADT≥18000	0.500	0.500	0.500	0.500
有中央分隔带	AADT≥0	0.500			

附 录 C
（资料性）
指标采集及处治方案

C.1 指标采集

根据现场实地调研情况，可采用表 C.1 对拟处治路段采集特征指标、判定类别特征。

表 C.1 处治路段特征指标采集表

道路名称	G001/×××路段	处治路段	K0+000～K1+100	设计速度	X(km/h)
指标采集					判定结论[a]
线形技术指标	连续坡长 L_c/平均坡度 i_c	$L_c=$		$i_c=$	
	最小圆曲线半径	$R_{min}=$			
	最小圆曲线半径 R 及最大坡度 i				
路侧防护指标	一般路基段路侧防护情况				
	桥梁路段护栏防护情况				
行车视距指标	停车视距（S_1）不足或遮挡情况				
	会车视距（S_2）不足或遮挡情况				
平面交叉技术指标	交叉角度 θ（°）	$\theta=$			
	主路坡度 i_{X1}（%）/支路坡度 i_{X2}（%）	$i_{X1}=$		$i_{X2}=$	
	视距三角区通视情况				
	其他典型问题情况				
公路条件突变情况	路段环境变化情况				
穿越村镇交通情况	路段实际所处情况				
功能集中情况	路段实际功能情况				
结论	（如：该实施路段为路侧防护不足和行车视距不足的组合路段）				
建议	（如：建议依次按照上述风险判断路段，进行路段风险定级和对应处治方案分级分析）				
注：[a] 采用表10给出的方法进行判定					

C.2 处治方案

C.2.1 线形技术不良路段

C.2.1.1 当判别为线形技术不良路段时，应根据典型风险特征判别结果，确定属于连续纵坡路段、急弯路段或急弯陡坡组合路段中的具体类型，当存在多种类型情况时，应综合考虑选择处治措施。

C.2.1.2 连续纵坡路段宜优先选择提示警告措施、速度控制措施，辅以养护性措施，若措施间存在重复使用，应优先保留既有交通安全设施；必要时，通过分析论证，可选择工程治理措施。连续纵坡路段的分类处治措施，可选择但不限于表 C.2 所列措施。

表 C.2 连续纵坡路段的分类处治措施集

措施类别	处治措施集
养护性措施	养护既有标志标线、防护设施及其他交通安全设施
提示警告措施	1. 在连续纵坡路段前,设置连续纵坡信息等标志。 2. 在连续下坡路段过程中,完善坡前预告、剩余长度、避险车道等标志信息的设置,以及大型车辆低挡低速行驶的警告标志。 3. 在连续上坡路段过程中,设置慢行车道靠右侧行驶等告知标志
速度控制措施	1. 合理设置限制速度标志信息。 2. 弯道等局部路段前设置减速标线
工程治理措施	1. 事故多发路段设置防滑路面等。 2. 边沟改善为盖板边沟或宽浅边沟等形式。 3. 如有小半径曲线,适当加宽曲线内侧宽度。 4. 当下坡路段货车比例较高时,可视情况选择增设避险车道、紧急停车带等,并完善相应标志标线设置,或在坡顶前适当位置设置停车区、加水站等。 5. 当上坡路段货车比例较高时,视情况拼宽路基开辟爬坡车道,并完善相应标志标线设置

C.2.1.3 急弯路段宜优先选择提示警告措施、线形诱导措施、速度和边界控制措施,辅以养护性措施,若措施间存在重复使用,应优先保留既有交通安全设施;必要时,可在深入论证分析的基础上,选择工程治理措施。急弯路段的分类处治可选择但不限于表 C.3 所列措施。

表 C.3 急弯路段分类处治措施集

措施类别	处治措施集
养护性措施	养护既有标志标线、防护设施及其他交通安全设施
提示警告措施	1. 设置急弯路段预告及警告标志。 2. 急弯处设置凸面镜、鸣喇叭标志。 3. 若事故多发,可增设事故易发路段等警告标志
线形诱导措施	1. 在弯道外侧设置连续轮廓标、线形诱导标等。 2. 在弯道上的行车道分界线上设置突起路标。 3. 在视线不足路段,划实线标线,增设禁止超车标志
速度/边界控制措施	1. 合理设置限制速度标志。 2. 急弯处中心线采用黄色实线,行车道边缘线增设隆声带。 3. 急弯路段前设置减速标线
工程治理措施	1. 移除曲线内侧影响视距的障碍物。 2. 弯道处设置减速丘,降低车辆行驶速度。 3. 事故多发路段设置防滑路面,事故多发急弯段,适当加宽曲线内侧宽度。 4. 边沟改善为盖板边沟或宽浅边沟等形式。 5. 加强曲线外侧填方路段路侧防护。 6. 根据实际车速和事故资料,确定是否需要增加超高。 7. 开挖视距平台,或局部改线,改善路段条件

C.2.1.4 急弯路段处治示例如图 C.1 所示。

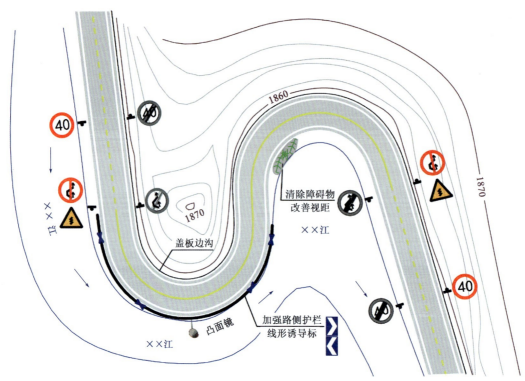

图 C.1 急弯路段处治示例

C.2.1.5 急弯陡坡组合路段宜优先选择提示警告措施、线形诱导措施、速度和边界控制措施,辅以养护性措施,若措施间存在重复使用,应优先保留既有交通安全设施;必要时,在深入论证分析的基础上,可选择工程治理措施。急弯陡坡组合路段的分类处治可选择但不限于表 C.4 所列措施。

表 C.4 急弯陡坡组合路段分类处治措施集

措施类别	处治措施集
养护性措施	养护既有标志标线、防护设施及其他交通安全设施
提示警告措施	1.设置急弯陡坡路段预告及警告标志。 2.急弯处设置凸面镜、鸣喇叭标志。 3.若事故多发,可增设事故易发路段等警告标志
线形诱导措施	1.在弯道外侧设置连续轮廓、线形诱导标等。 2.在弯道上的行车道分界线上设置突起路标。 3.在视线不足路段,划实线标线,增设禁止超车标志
速度/边界控制措施	1.合理设置限制速度标志。 2.急弯处中心线采用黄色实线,行车道边缘线增设隆声带。 3.急弯路段前设置减速标线
工程治理措施	1.移除曲线内侧影响视距的障碍物。 2.弯道处设置减速丘,降低车辆行驶速度。 3.事故多发路段设置防滑路面等。 4.边沟改善为盖板边沟或宽浅边沟等形式。 5.加强曲线外侧填方路段侧防护。 6.根据实际车速和事故资料,确定是否需要增加超高。 7.事故多发段,适当加宽曲线内侧宽度。 8.开挖视距平台,或局部改线,改善路段条件

C.2.1.6 急弯陡坡组合路段处治示例如图 C.2 所示。

图 C.2 急弯陡坡组合路段处治示例

C.2.2 路侧防护不足路段

C.2.2.1 路侧防护不足路段应完善线形诱导标志、限制速度标志等，加强路侧防护，辅以养护性措施，若措施间存在重复使用，应优先保留既有交通安全设施；必要时，在深入论证分析的基础上，可选择工程治理措施。路侧防护不足路段的分类处治可选择但不限于表 C.5 所列措施。

表 C.5 路侧防护不足路段分类处治措施集

措施类别	处治措施集
养护性措施	养护既有标志标线、防护设施及其他设施
路侧警示措施	1. 采用反光或发光设施标识路侧障碍物。 2. 曲线外侧设置连续线形诱导标或轮廓标
速度/边界控制措施	1. 合理设置限制速度标志。 2. 弯道处中心线划黄色实线或分道体。 3. 弯道路侧边缘设置突起路标或隆声带。 4. 弯道路段前设置减速标线
工程治理措施	1. 处理路侧障碍物（清除、移位、采用解体消能结构等）。 2. 进行路肩硬化，放缓边坡，增加路侧安全净区。 3. 边沟改善为盖板边沟或宽浅边沟等形式。 4. 按照规范要求设置护栏。 5. 陡坡、小半径曲线路段、货车比例较高路段，路侧护栏可提高 1 个防护等级

C.2.2.2 路侧防护不足路段处治示例如图 C.3 所示。

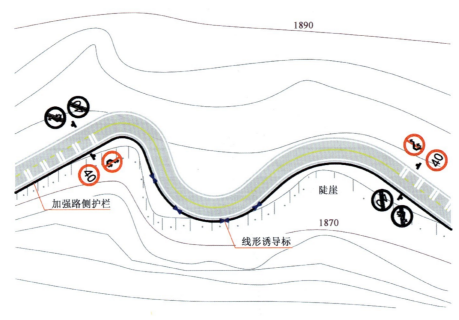

图 C.3 路侧防护不足路段处治示例

C.2.3 行车视距不足路段

C.2.3.1 行车视距不足路段应完善各类警告、禁令、线形诱导等标志标线；必要时，在深入论证分析的基础上，可选择工程治理措施。行车视距不足路段的分类处治可选择但不限于表 C.6 所列措施。

表 C.6 行车视距不足路段分类处治措施集

措施类别	处治措施集
养护性措施	养护既有标志标线、防护设施及其他设施
提示警告措施	提示重要风险条件，设置减速慢行警告标志
行车诱导措施	1. 设置线形诱导标、轮廓标、示警柱等诱导设施。 2. 对于平纵面组合不良造成视觉误差的路段，设置线形诱导标等措施。 3. 在视距不良路段，设置凸面反光镜，或在路段前设置鸣喇叭标
速度、边界等控制措施	1. 合理设置限制速度标志。 2. 会车或超车视距不足路段，施划中心实线，设置禁止超车标志标线。 3. 在进入视距不良路段前一定距离内，设置减速标线。 4. 有行人横穿时，应提前设置减速标线及注意行人等标志
工程治理措施	1. 清除弯道内侧影响视距的障碍物。 2. 在进入视距不良路段前一定距离内，设置减速丘。 3. 存在视距不良的急弯路段，加强路侧护栏防护。 4. 边沟改善为盖板边沟或宽浅边沟等形式。 5. 傍山视距不足路段，开挖视距平台，改善视距条件。 6. 曲线半径过小的，视情况加宽路面。 7. 对于交通事故多发路段，设置防滑路面，或可视情况进行改线

C.2.3.2 行车视距不良路段处治示例如图 C.4 所示。

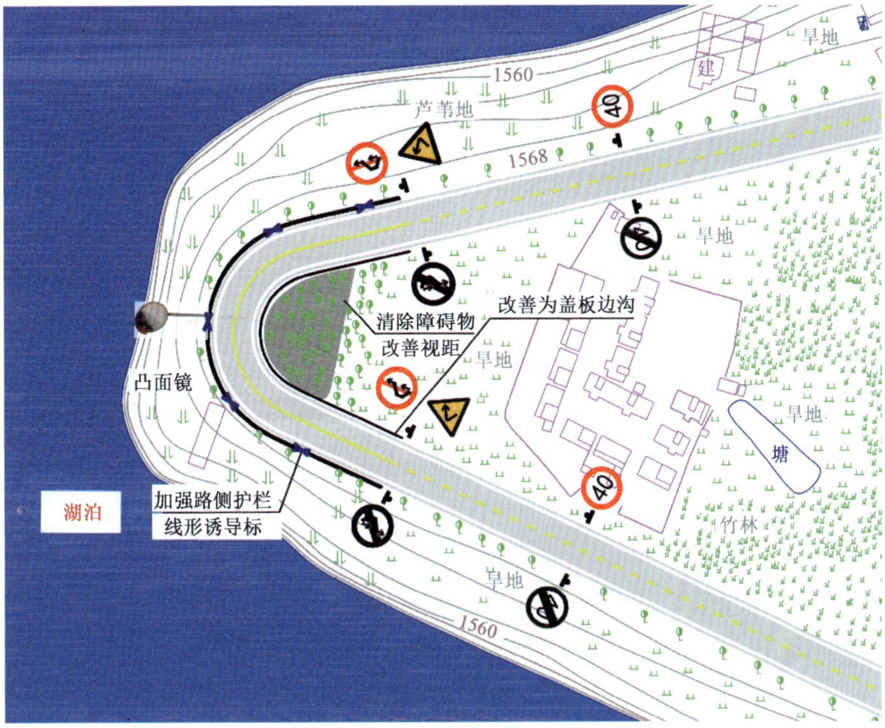

图 C.4 行车视距不良路段处治示例

C.2.4 公路条件突变路段

C.2.4.1 公路条件突变路段,应提前警示或警告驾驶员,并采用限制速度、禁止超车、限高、限宽等措施;必要时,在深入论证分析的基础上,可选择工程治理措施。公路条件突变路段的分类处治可选择但不限于表 C.7 所列措施。

表 C.7 公路条件突变路段分类处治措施集

典型类别	措施类别	处治措施集
—	养护性措施	养护既有标志标线、防护设施及其他设施
路基宽度突变段	提示警告措施	设置车道变少、公路变窄、窄桥等警告标志
	行车诱导措施	1. 路基宽度变化段,设置轮廓标、突起路标等措施。 2. 在过渡段及前后一定范围内,设置禁止跨越同向(对向)标志标线。 3. 在过渡段外侧区域,设置导流线。 4. 合理设置限制速度标志
	工程治理措施	1. 按照现行规范要求增设渐变段,并补齐标线。 2. 窄桥路段,桥梁护栏延伸至正常路基宽度,并对端头进行处理,护栏延伸段设置反光设施。 3. 对于交通事故多发路段,采用工程措施统一路基宽度

29

表 C.7 公路条件突变路段分类处治措施集(续)

典型类别	措施类别	处治措施集
中央分隔带形式突变段	提示警告措施	1.分隔物前方设置注意障碍物标志。 2.分隔物端头设置反光设施
	行车诱导措施	1.分隔物端头设置竖向线形诱导标志,可采用主动发光式。 2.分隔物前方50m范围内设置禁止超车标志标线
	工程治理措施	1.可在分隔物端头设置缓冲设施。 2.对于交通事故多发路段,采用工程措施统一中央分隔带形式
净空(净宽)突变段	提示警告措施	1.由于上跨桥梁等构造物造成净空(净宽)减小的,应在桥梁墩台等构造物上设置立面标记。 2.在隧道入口处设置立面标记。 3.在进入净空(净宽)减小段前,设置限高限宽标志
	行车诱导措施	1.合理设置限制速度标志。 2.在净宽变化过渡段及前后一定范围内,设置禁止超车标志标线。 3.在进入净空(净宽)减小段前,设置减速标线
	工程治理措施	1.隧道出入口净空(净宽)变化,隧道洞口应设置护栏并进行过渡设计。 2.桥梁净宽小于路基净宽时,加强路基护栏与桥梁护栏之间的过渡

C.2.4.2 公路条件变化路段处治示例如图 C.5 所示。

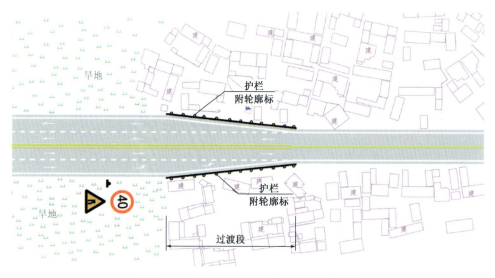

图 C.5 公路条件变化路段处治示例

C.2.5 平面交叉技术不良路段

C.2.5.1 平面交叉技术不良路段,应设置警示或警告标志,并采用渠化交叉口、路权控制、限制速度等措施保障交叉口安全行车;必要时,在深入论证分析的基础上,可选择工程治理措施。平面交叉技术不良路段的分类处治可选择但不限于表 C.8 所列措施。

表 C.8 平面交叉技术不良路段分类处治措施集

措施类别	处治措施集
养护性措施	养护既有标志标线、防护设施及其他设施
提示警告措施	1.设置平面交叉口交通预告标志。 2.支路为低等级道路的交叉口,设置道口标柱。 3.事故多发且无信号控制的交叉口,设置黄闪灯等措施
行车诱导措施	1.设置完善的渠化标志标线。 2.人口密集区的平面交叉口,设置照明设施和行人过街设施。 3.交叉口前设置减速标线。 4.视距不良的交叉口,设置凸面反光镜
工程治理措施	1.清除视距三角内障碍物。 2.在支路上设置减速丘,降低车辆行驶速度。 3.优化交通渠化设计,合理渠化交通岛。 4.交叉角度小于45°或纵坡坡度不满足条件时,可对次要公路进行局部改线。 5.交叉口位于凸曲线顶部附近、小半径弯道后,容易产生视距不良时,调整线形或对交叉进行重新选位。 6.设置交通冲突预警系统,信号灯等路权控制措施

C.2.5.2 平面交叉口路段处治示例如图 C.6 所示。

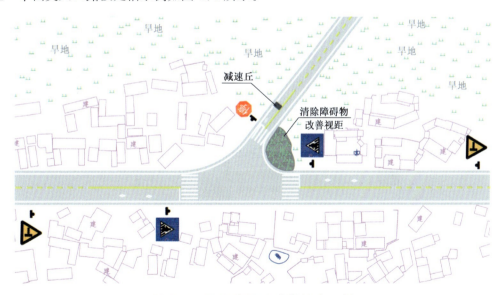

图 C.6 平面交叉口路段处治示例

C.2.6 穿越村镇交通复杂路段

C.2.6.1 穿越村镇交通复杂路段,应提前警示或警告驾驶员,并采用限制速度、行车诱导等措施保障行车安全;必要时,在深入论证分析的基础上,可选择工程治理措施。穿越村镇交通复杂路段的分类处治可选择但不限于表 C.9 所列措施。

表 C.9 穿越村镇交通复杂路段分类处治措施集

措施类别	处治措施
养护性措施	养护既有标志标线、防护设施及其他设施
提示警告措施	1.在进入穿越村镇交通复杂路段前,设置完善的警告标志。 2.在视距不良路段,设置黄闪灯等措施
行车诱导措施	1.合理设置限制速度标志。 2.行人密集、交通混行复杂路段,设置减速标线或减速丘等设施
工程治理措施	1.清除路侧障碍物。 2.行人集中穿行路段,设置人行横道,并配置完善的标志标线。 3.路侧边沟无盖板时,增加盖板,并在盖板上附隔离矮墙。 4.学校、工厂出口等行人横穿特别密集的地方,设置人行天桥或下穿通道。 5.根据路段内停车需求,设置停车位,避免停止车辆占用行车道。 6.当空间允许时,设置路宅隔离设施(护栏、花坛、绿化带、隔离墙),以及机非隔离设施、路侧人行道

C.2.6.2 穿越村镇交通复杂路段处治示例如图 C.7 所示。

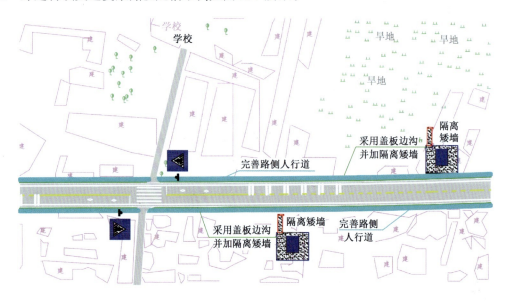

图 C.7 穿越村镇交通复杂路段处治示例

C.2.7 功能集中重点路段

功能集中重点路段是指旅游服务、煤炭运输、危化品运输、矿产品运输等特定车辆较为集中的路段,除了采用线形技术不良路段、行车视距不良路段、路侧安全风险路段、公路条件变化路段、平面交叉口路段、行人密集、复杂交通混行路段的相应处治措施外,还应重点考虑该公路满足相应运输特征的处治措施,如旅游公路的分类处治可选择但不限于表 C.10 所列措施。

表 C.10 功能集中重点路段(旅游公路)分类处治措施集

措施类别	处治措施集
养护性措施	养护既有标志标线、防护设施及其他设施
行车诱导措施	1. 采用路线区域识别和景区标识结合设置的方式，指引游客前往相应景区。 2. 合理设置限制速度标志，旅游旺季交通量较大路段，设置可变限制速度标志，随时发布路况及天气等信息。 3. 对于景区出入口、自然景观带、观景台等易出现路侧停车或拥堵路段，设置完善的指引标志、减速标线等。 4. 车速快及视距不足的景观带路段，考虑设置禁止停车标志标线
工程治理措施	1. 沿线根据需要设置服务区、停车区及观景台等服务设施。 2. 条件允许时，设置骑行道、人行道，做好机非隔离设施。 3. 其他相关措施

C.2.7.1 功能集中重点路段(旅游公路)处治示例如图 C.8 所示。

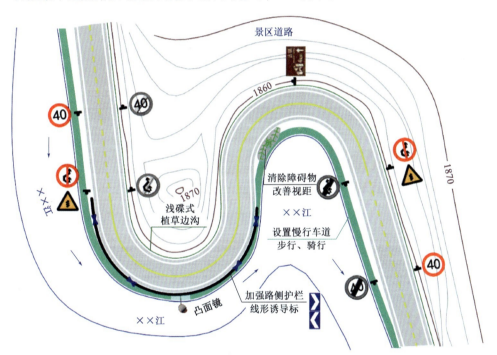

图 C.8 功能集中重点路段(旅游公路)处治示例

附 录 D
（规范性）
文件要求及格式定义

D.1 文件要求

D.1.1 一般规定

D.1.1.1 公路交通安全风险评估与处治项目的文件编制主要分为实施方案报告、方案设计文件和效果评价报告。

D.1.1.2 报告和文件的编制，应依据本文件相关要求，并应严格贯彻国家有关方针政策，按照基本建设程序和有关标准、规范、规程等进行编制，做到客观、公正、准确。

D.1.2 文件内容

D.1.2.1 实施方案报告宜包括：
a) 项目概况：项目背景、运营现状、项目目的等；
b) 调研情况：调研方案、数据收集、问题描述等；
c) 路段排查：排查流程、排查方法、实施路段等；
d) 方案设计：现场核查、危险识别、危险分级、处治措施等；
e) 方案概算：工程规模、费用测算等。

D.1.2.2 方案设计文件宜包括：
a) 设计说明；
b) 设计图纸（含工程数量表、附图）；
c) 造价文件。

D.1.2.3 效果评价报告宜包括：
a) 工程概况：项目背景、总体情况、评价目标等；
b) 实施过程：设计论证材料、实施工程数量、实施地点、实施时间、措施内容、新技术、新工艺、新材料应用情况；
c) 有效性评价：数据收集，重点设施有效性分析，工程实施前后交通事故、交通冲突、交通运行参数等变化分析、满意度调查等；
d) 效果及效益分析：总体安全效果、投入产出分析、社会影响分析；
e) 结论与建议：主要结论、经验教训与改善建议。

D.2 格式定义

D.2.1 实施方案报告

实施方案报告封面样式宜参考图 D.1，扉页样式宜参考图 D.2，其余文件格式根据文件内容要求进行自定义编写。

D.2.2 方案设计文件

方案设计文件封面样式宜参考图 D.3，扉页样式宜参考图 D.4，其余文件格式根据文件内容要求进行自定义编写。

（项目名称）
公路交通安全风险评估与处治项目

（小一号宋体加粗）

实施方案

（小初号黑体加粗）

编制单位名称

编制日期

（三号宋体加粗）

图 D.1 实施方案报告封面样式

（项目名称）
公路交通安全风险评估与处治项目

（小一号宋体加粗）

实施方案

（小初号黑体加粗）

编 制 单 位 ： （小二号宋体加粗）

证 书 等 级 ： （小二号宋体加粗）

发 证 机 关 ： （小二号宋体加粗）

单 位 负 责 人 ： （小二号宋体加粗）

总 工 程 师 ： （小二号宋体加粗）

项 目 负 责 人 ： （小二号宋体加粗）

参 加 人 员 ： （小二号宋体加粗）

（证书复印件附此页后）

图 D.2 实施方案报告扉页样式

(项目名称)公路交通安全风险评估与处治项目

（21号华文中宋）

方案设计

（小初号黑体加粗）

编制单位名称
编制日期

（小二号华文中宋）

图 D.3　方案设计文件 A3 封面样式

(项目名称)公路交通安全风险评估与处治项目

（21号华文中宋）

方案设计

（小初号黑体加粗）

编 制 单 位：	（小四号华文中宋加粗）
设计证书等级：	（小四号华文中宋加粗）
发 证 机 关：	（小四号华文中宋加粗）
单 位 负 责 人：	（小四号华文中宋加粗）
总 工 程 师：	（小四号华文中宋加粗）
项 目 负 责 人：	（小四号华文中宋加粗）
参 加 人 员：	（小四号华文中宋加粗）

图 D.4 方案设计文件 A3 扉页样式

D.2.3 效果评价报告

效果评价报告封面样式宜参考图 D.5,扉页样式宜参考图 D.6,其余文件格式根据文件内容要求进行自定义编写。

（项目名称）
公路交通安全风险评估与处治项目

（小一号宋体加粗）

效果评价报告

（小初号黑体加粗）

编制单位名称

编制日期

（三号宋体加粗）

图 D.5 效果评价报告封面样式

（项目名称）
公路交通安全风险评估与处治项目

（小一号宋体加粗）

效果评价报告

（小初号黑体加粗）

编 制 单 位 ： （小二号宋体加粗）

证 书 等 级 ： （小二号宋体加粗）

发 证 机 关 ： （小二号宋体加粗）

单 位 负 责 人 ： （小二号宋体加粗）

总 工 程 师 ： （小二号宋体加粗）

项 目 负 责 人 ： （小二号宋体加粗）

参 加 人 员 ： （小二号宋体加粗）

（证书复印件附此页后）

图 D.6　效果评价报告扉页样式

参 考 文 献

[1] 交通运输部公路科学研究院,贵州省交通运输厅.公路安全生命防护工程实施技术指南[M].北京:人民交通出版社股份有限公司,2015.